ASSOCIATION

DES

ARTISTES DRAMATIQUES

RAPPORT

FAIT PAR M. SAMSON

DE LA COMÉDIE-FRANÇAISE

AU NOM DE LA COMMISSION

DE LA

SOCIÉTÉ DES ARTISTES DRAMATIQUES

PARIS

IMPRIMERIE DE E. DUVERGER,

RUE DE VERNEUIL, N° 4.

1840

COMITÉ ANNUEL

DE L'ASSOCIATION

NOMMÉ A L'ASSEMBLÉE GÉNÉRALE

LE 26 AVRIL 1840.

M. le baron Taylor, *fondateur.*

MM. Samson.
Singier.
Régnier.
De Fontenay. } *Premier Comité maintenu par*
Ch. Albert. *acclamation.*
Raucourt.
Bocage.
Leménil.

MM. Duprez.	MM. Chollet.
Lepeintre aîné.	Dubourjal.
Delaistre.	Lockrois.
Dérivis.	Gauthier.
Ch. Potier.	Henry.
Tisserant.	Guyon.

Composition du Bureau.

M. le baron Taylor, *président.*

MM. Samson.
Singier. } *vice-présidents.*
Lockrois.

Régnier.
Albert. } *secrétaires.*
Fontenay.
Ch. Potier.

M. Delaistre, *archiviste.*

M. Thuillier, *chargé de toutes les perceptions dans Paris, les départements et l'étranger, rue Boucherat, 34.*

Nota. Aucune lettre ne sera reçue par aucun membre de la Commission ou ses agents si elle n'est affranchie.

ASSOCIATION

DES

ARTISTES DRAMATIQUES

RAPPORT

FAIT PAR M. SAMSON,

DE LA COMÉDIE-FRANÇAISE,

AU NOM DE LA COMMISSION

DE LA

SOCIÉTÉ DES ARTISTES DRAMATIQUES.

MESSIEURS ET CHERS CAMARADES,

La tendance trop exclusive vers le bien-être matériel, dont on accuse l'époque présente, a peut-être, à côté et comme pour compensation des mauvais fruits qu'elle a dû produire, placé du moins un résultat heureux : c'est d'avoir substitué, chez les corporations et les individus, des idées d'ordre et d'avenir à cette aveugle insouciance qui prépare de loin la misère et le désespoir. Les Caisses d'épargnes ont été ouvertes ; les associations se sont multipliées dans le but, soit de soulager, soit de prévenir l'infortune. La littérature dramatique, pour mieux protéger ses intérêts, s'est constituée en société ayant ses statuts, ses assemblées, sa commission qui la représente, et parvenant en peu d'années à un haut degré de prospérité et d'influence. La classe nombreuse des Artistes dramatiques pouvait-elle rester étrangère à ce mouvement général, elle qui compte à peine dans' son sein quelques positions brillantes ou aisées , mais qui voit la plus grande partie de ses membres vouée à une existence médiocre ou malheureuse? Depuis longtemps elle éprouvait le besoin d'une institution analogue : honneur à ceux qui les premiers tentèrent d'en réaliser la sage et utile pensée !

On sait qu'une circulaire réunit , le 14 mai 1837, dans la salle de Tivoli d'hiver, rue de Grenelle-Saint-Honoré, plus de cent Acteurs de différents théâtres de Paris [1]. Une commission fut nommée par eux , qui s'assembla deux jours après, nomma son bureau et commença ses opérations: la Comédie-Française s'était empressée de mettre à sa disposition la salle de son comité. Le premier acte de la commission fut de percevoir une cotisation de 5 francs , arrêtée par l'assemblée générale et destinée à subvenir aux premiers frais.

Les réunions de cette commission furent fréquentes,

(1) Voici la lettre qui fut adressée à tous les acteurs de Paris le 30 avril 1837.

« Monsieur et cher Camarade,

« Une Commission provisoire des Artistes dramatiques vient de se former à Paris pour fonder une institution que les intérêts des comédiens réclament depuis longtemps.

« Il s'agit d'une caisse de secours et de prévoyance pour les Acteurs de Paris et de la province, établie sur les meilleures bases possibles, et administrée par une Commission des Artistes dramatiques, laquelle Commission serait en outre destinée à défendre les droits, intérêts et prérogatives des comédiens, à prévenir les procès, et à rechercher enfin tous les moyens d'améliorer le sort des Acteurs.

« La Commission provisoire a dû s'occuper d'abord de rendre praticable la réalisation de son projet, et il lui est démontré que l'établissement d'une caisse de secours et de prévoyance est aujourd'hui d'une exécution facile et sûre.

« En conséquence vous êtes invité à vous rendre à l'assemblée générale des Artistes dramatiques, qui aura lieu à Tivoli d'hiver, rue Grenelle-Saint-Honoré, no 45, le dimanche 14 mai, à neuf heures du matin, et dans laquelle il sera procédé à l'é-

ses travaux consciencieux ; mais, dominée par la pensée de fonder, à côté de la caisse de secours, une caisse de

lection des membres qui doivent composer définitivement la COMMISSION DES ARTISTES DRAMATIQUES.

« Recevez, monsieur et cher Camarade, l'assurance de notre considération et de notre dévouement. »

Les membres de la Commision provisoire des artistes dramatiques :

Signé *Bocage, Fontenay, Bouffé, Guyon, Montigny, Francisque aîné, Serre, Grignon, Raucourt, Achard, Saint-Ernest, Albert, Charles Potier, Saint-Firmin, Chéri-Louis, Jemma, Delaistre, Joseph.*

L'assemblée convoquée par cette lettre nomma une Commission composée de MM. MONTIGNY, FONTENAY, REGNIER, SAMSON, BOUFFÉ, FERVILLE, BEAUVALET, BOCAGE, ADOLPHE NOURRIT, RAUCOURT, CHOLLET, VERNET, LEPEINTRE AÎNÉ, CHÉRI-LOUIS; *membres supplémentaires,* MM. DUPREZ, VOLNYS, GUYON, ACHARD, SAINT-FIRMIN.

La Commission composa son bureau de la manière suivante : MM. SAMSON, *président* ; FONTENAY, *vice-président* ; REGNIER et MONTIGNY, *secrétaires* ; COLSON, *trésorier.*

Adolphe Nourrit donnait alors des représentations à Marseille ; c'est là qu'il apprit sa nomination par une lettre de M. Regnier, l'un des secrétaires. Il y répondit en ces termes :

Marseille, 5 juin 1857.

« MONSIEUR ET CHER COLLÈGUE,

« Je suis fier du témoignage d'estime que mes camarades ont bien voulu me donner en m'appelant à faire partie de la Commission chargée d'organiser une association entre tous les Artistes dramatiques de Paris, avec une caisse de secours et de prévoyance, et j'accepte avec reconnaissance une mission aussi honorable.

« Depuis bien longtemps j'appelais de tous mes vœux cet acte de confraternité qui peut un jour améliorer notre position sociale, et dont l'effet immédiat est de secourir ceux de nos camarades qui ne sont point heureux.

« Je regrette bien vivement qu'une absence prolongée m'empêche de vous aider dans votre travail ; mais croyez que je m'associe de tout mon cœur à la pensée qui vous inspire, et que

pensions de retraite, elle se trouva bientôt arrêtée par des difficultés que son inaptitude en matière de finances ne lui permettait pas de résoudre. Forcée de chercher ailleurs des lumières, elle recourut à une personne dont les fonctions garantissaient la capacité, et qui, après avoir d'abord laissé entrevoir la possibilité d'une pareille opération, demanda de longs délais pour s'en occuper, et finit par reculer elle-même devant la solution qu'elle avait promise.

Alors, il faut le dire, le découragement se glissa parmi les délégués de l'assemblée générale; trop préoccupés d'un seul point, il leur sembla que leurs travaux n'avaient plus de but. Dès ce moment l'ardeur se ralentit, l'exactitude cessa, et la commission fut dissoute par l'absence progressive de ses membres.

je serai bien heureux quand il me sera permis de joindre mes efforts aux vôtres.

« Pour que votre œuvre soit complète il faut, je crois, que tous les Artistes de France entrent dans la même association; mais il est bien de commencer par Paris, et je ne doute pas qu'une fois notre organisation bien arrêtée, tous nos camarades de la province ne demandent à se réunir à nous.

« En attendant, marchons toujours; nous suivra qui voudra.

« Veuillez être auprès des membres de la Commission l'interprète de mes sentiments affectueux, et permettez-moi, monsieur et cher Collègue, de vous remercier personnellement de tout ce que votre lettre renferme de flatteur et d'obligeant pour moi.

« Votre dévoué serviteur et camarade,

« *Signé* AD. NOURRIT. »

Nous éprouvons un douloureux plaisir à reproduire la lettre de cet homme si regrettable, chez qui les qualités du cœur et de l'esprit n'étaient pas au-dessous des grands talents de l'artiste.

Il est à remarquer que deux membres de la Commission nommée en 1837 n'existent plus. A la déplorable catastrophe qui nous a privés d'Adolphe Nourrit, il faut ajouter la mort de Saint-Firmin qui venait de faire un début brillant au théâtre de la Renaissance, dans le Ruy-Blas de M. Victor Hugo. Il était un des membres les plus assidus aux séances de la Commission.

Ainsi se trouvait abandonnée une idée généreuse, quand M. le baron Taylor s'en empara. Son amour éclairé pour les arts, les services qu'il leur a rendus, lui donnaient parmi les Artistes dramatiques une popularité qui rallia autour de lui des esprits trop tôt découragés; il ranima leur espérance et réveilla leur zèle ; l'Association dispersée se réfugia, pour ainsi dire, dans sa demeure, et, non content de lui offrir un asile et toute l'activité de ses efforts, toute la puissance de sa coopération, il poussa la générosité jusqu'à verser dans sa caisse une somme de 1,000 francs, et, faisant ainsi les premiers fonds de notre Société, il en devint, par sa noble conduite, le nouveau, le véritable fondateur.

Les Artistes dramatiques, rassemblés chez lui le 18 avril 1839, signèrent un projet d'Association, auquel, plus tard, se joignirent d'autres signatures, et nommèrent la commission qui vient aujourd'hui vous rendre compte de ses travaux et soumettre à votre examen le projet des statuts arrêté par elle, après de nombreuses, longues et consciencieuses discussions.

La question des pensions de retraite a été agitée de nouveau parmi nous, comme elle l'avait été dans l'ancienne commission ; plusieurs d'entre nous y attachaient une haute importance. Une caisse de pensions était, selon eux, la base la plus solide que l'on pût donner à notre institution; c'eût été le lien le plus fort, le plus indissoluble entre les membres de notre Société. Considéré sous un point de vue moral, ce projet leur souriait plus encore. La nécessité de s'imposer des sacrifices pour se créer soi-même son avenir conduit à l'ordre, ramène à l'économie, force à la modération, et, plaçant toujours devant les yeux l'effrayante image des besoins réels de la vieillesse, nous apprend à ne point satisfaire les besoins factices d'un autre âge. L'essai précédemment tenté pour arriver à ce précieux résultat ne leur suffisait pas. Ils consultèrent de rechef une notabilité financière, M. Grévot, agent général des Caisses d'épargnes de Paris; ils s'étaient autrefois adressés à M. Bienaimé, inspecteur des finances : on conviendra qu'il était difficile de choisir des juges plus compétents en pareille matière. Le second oracle ne fut pas plus favorable que le premier. Des retenues très fortes, nous dit-on, ne donneraient que de très minces produits; c'était un plan difficile, immense, sans antécédents ; tout était à créer. Fallait-il, par une persistance opiniàtre, compromettre de nouveau notre entreprise naissante? Il n'y a d'idées vraiment bonnes que celles qui sont praticables; la fondation d'une caisse de pensions était reconnue ne pas l'être, du moins quant à présent. Ce fut donc vers l'établissement de la caisse de secours que se tournèrent tous nos efforts.

Toutefois ce projet, qui nous semblait si fécond en beaux résultats, nous ne le reléguons pas encore au nombre des utopies: nous pensons que l'exécution en pourra devenir plus facile par les développements que notre Association recevra dans l'avenir, l'absence d'un fonds suffisant étant un des principaux obstacles allégués par les hommes spéciaux que nous avons consultés. Que s'il ne nous est pas donné de réaliser nous-mêmes l'idée par nous conçue, nous la léguerons à nos successeurs, et nous espérons qu'un jour viendra où chacun des Artistes dramatiques, à quelque théâtre qu'il ait appartenu, verra sa vieillesse à l'abri de la misère et des secours par les ressources qu'il lui aura ménagées dans le sein même de la Société que nous fondons aujourd'hui.

Aussi, après avoir déclaré que le but de l'Association est la création d'une caisse de secours, nous réservons l'avenir en disant qu'il sera pourvu ultérieurement, et sur les bases que l'expérience démontrera les plus avantageuses, à l'établissement d'une caisse de pensions de retraite.

Mais l'Association ne se borne pas à un appui purement pécuniaire: les sociétaires doivent encore trouver en elle un défenseur vigilant de leurs droits et de leurs intérêts méconnus; en un mot, dans toutes les circonstances où son intervention sera jugée nécessaire, on en obtiendra protection et secours. Par là se resserrera de plus en plus le lien social, et les Artistes dramatiques formeront une grande famille, dont quelques membres, investis de la confiance générale, veilleront attentivement sur toutes les autres, prêts, dans les cas difficiles, à leur venir en aide, à leur offrir tous les secours, toutes les ressources que l'Association mettra en leur pouvoir.

La Société est créée au profit de tous les Artistes dramatiques français retirés ou en exercice, soit à Paris, soit en province, soit à l'étranger.

Pour en faire partie, il suffira d'une adhésion aux statuts de la Société et du paiement exact d'une cotisation mensuelle de 50 c.

Ce chiffre de la cotisation a été longuement débattu; quelques-uns d'entre nous en blâmaient la modicité : mais enfin il a été unanimement reconnu que ce serait une inconséquence, et, en quelque sorte, une contradiction d'interdire l'accès de la Société à ceux pour qui, surtout, elle était instituée; qu'il y avait tels appointements pour lesquels une taxe plus forte serait une charge véritable, et que, quant aux traitements élevés, la faible somme fixée par les statuts n'était qu'un *minimum* auquel ils n'étaient point tenus de s'astreindre, et qu'il leur était toujours libre de dépasser.

La cotisation étant une des ressources principales de la Société, un des éléments les plus actifs du fonds social, il importe que la perception en soit régulière et assurée. La cessation de paiement entraine donc de plein droit la perte du titre de sociétaire et des avantages qui s'y rattachent; et les sommes précédemment versées sont définitivement acquises à la caisse, et ne peuvent donner lieu à aucune réclamation.

Cependant il peut arriver qu'une suspension de paiement dans un théâtre, une année ou quelques mois passés sans engagement, d'autres circonstances encore, mettent un sociétaire dans l'impuissance momentanée de payer l'impôt mensuel. Si des chances plus heureuses surviennent, ne pourra-t-il obtenir sa réintégration? Le Comité, juge souverain en cette matière, pourra la prononcer, après avoir apprécié les faits; mais il obligera l'ancien sociétaire à verser dans la caisse l'arriéré intégral de sa cotisation : c'est là une condition rigoureuse dont nul ne pourra être affranchi.

1.

Vous fondez une caisse de secours; mais qui aura droit à ces secours? Sont-ils destinés à toutes les misères de notre corporation? Il y aurait, dans cette générosité apparente, injustice et danger : injustice, car celui qui s'est imposé des privations, quelques légères qu'elles soient, a plus de titres à votre bienveillance que celui qui n'a voulu souscrire à aucun sacrifice; danger, parce que la nécessité de l'Association disparaîtrait pour les Artistes par la certitude de puiser dans une caisse où ils n'auraient rien apporté, et pour compter sur des sacrifices, il faut en faire comprendre la nécessité.

Ainsi, en principe, les membres de l'Association auront seuls droit aux secours qu'elle donne, aux avantages qu'elle promet. En principe, l'argent de la Société n'appartient qu'aux sociétaires.

Mais au moment où votre Société se constitue, où sa caisse se fonde, des malheurs existent, dignes de tout votre intérêt. Des vieillards condamnés à la misère vont élever vers vous des mains suppliantes. Repousserez-vous l'infortune de vos camarades, parce qu'elle aura précédé votre Association? La date de leur misère sera-t-elle un tort à vos yeux, et les punirez-vous de n'avoir pu se faire membres d'une Société qui n'était pas née encore? Non, les premières œuvres d'une institution philanthropique ne seront point des actes d'injustice et d'inhumanité. Votre Comité devra donc, dans les premiers temps surtout, établir des exceptions à la règle générale; il le fera avec discernement : toujours économe de vos fonds, il en deviendra avare envers ceux qui n'auront point eu l'impossibilité pour excuse. Vous accorderez aussi votre pitié et vos bienfaits aux enfants d'un artiste mort dans le besoin; mais les secours donnés dans des cas semblables ne seront jamais que temporaires.

C'est dans une pensée, non-seulement d'avenir, mais de perpétuité que nous organisons notre Association. Sa durée doit être illimitée. Aussi nous avons voulu nous ravir à nous-mêmes le droit de porter la main sur notre création, et nous nous interdisons, par nos statuts, la liquidation du capital, qui doit toujours faire masse, et dont les intérêts seuls sont employés en secours.

La Société est purement civile, à l'instar de celle des auteurs dramatiques. Il est, en ce qui concerne les associations, une forme qui, plus que toute autre, ajoute à la sécurité des associés, en les dégageant entièrement de la responsabilité ; responsabilité peu redoutable, d'ailleurs, dans une entreprise où il ne s'agit que d'une sage répartition de secours : c'est la société anonyme, qui ne peut être établie que par une ordonnance royale. Le Comité jugera quand il y aura opportunité à demander cette conversion.

Un article arrête formellement que la Société *donne et ne prête pas.* Cette disposition existe dans les statuts des auteurs dramatiques. Elle a pour objet de soustraire le Comité à des demandes sans nombre, qui se renouvelleraient plus encore parmi nous que chez les auteurs, et qui, si elles étaient satisfaites, grèveraient la Société et menaceraient son avenir. Quant aux demandes de secours, il suffira qu'elles soient adressées à l'un des membres du Comité, et l'on devra s'en occuper dans la réunion la plus prochaine.

Trois éléments concourront à former le fonds social : 1° Nous avons parlé de la cotisation de 50 c. par mois, qui est une condition *sine quâ non* de l'admission parmi les sociétaires ;

2° Un des premiers soins de l'Association définitivement constituée devra être de se mettre en rapport avec les administrations théâtrales pour en obtenir des représentations à son bénéfice, ainsi que l'a fait la Société des auteurs dramatiques. Cette ressource, quand elle sera organisée, sera sans doute la plus puissante et la plus efficace pour grossir notre fonds social, qui pourra s'accroître encore par les legs, dons volontaires et généralement par toutes les recettes que le Comité réalisera, tant en dedans qu'en dehors de l'Association.

3° Enfin, l'excédant des intérêts des capitaux appartenant à la Société sur les dépenses faites pendant le cours d'une année, placé par les soins du Comité, comme le reste des capitaux de la Société, contribuera encore à former le fonds social.

Toutes les recettes de la Société seront converties en

rentes sur l'État, genre de placement qui offre plus de sécurité que les autres, quels qu'ils puissent être. Quant aux secours, ils seront pris seulement sur les intérêts ou arrérages produits par les fonds appartenant à la Société. Le capital est déclaré inaliénable à jamais.

Dans les premiers temps de la Société, cette conversion en rentes d'un capital peu considérable ne produira qu'un intérêt médiocre, et trop faible, par conséquent, pour atteindre le but désiré, c'est-à-dire pour distribuer des secours suffisants. La Commission y a sagement pourvu : le Comité est autorisé à disposer d'une somme de 50 fr. par mois jusqu'au jour où la Société sera parvenue à se constituer une rente de 600 fr.

Plus tard, dans le cours d'une année, les rentrées peuvent produire une somme plus que suffisante pour le service de la caisse de secours, et qui en même temps soit trop peu importante pour être convertie en rentes sur l'État. Cette caisse, d'ailleurs, s'en trouverait privée par un placement qui rendrait cet excédant inaliénable. On laisse, dans ce cas, au Comité la faculté de la placer à la Caisse d'épargnes, en prenant un livret au nom de la Société. De cette manière, le Comité aura à sa disposition un fonds suffisant pour parer à tous les besoins, et la Société ne perdra point d'intérêts.

L'administration de la Société sera confiée à un Comité de vingt-un sociétaires : M. le baron Taylor en est de droit membre à perpétuité. La Commission a pensé que vous n'hésiteriez pas à vous associer à ce faible témoignage d'une reconnaissance si bien méritée, et que l'unanimité de vos suffrages confirmerait le titre de *fondateur* qu'elle lui décerne dans les statuts soumis à votre approbation.

On a porté à vingt le nombre des sociétaires chargés de l'administration, parce que, réduit à un plus petit nombre, le Comité risquerait trop souvent d'être incomplet, plusieurs de ses membres pouvant en être éloignés, tantôt par les travaux du théâtre, tantôt par les congés ou les indispositions ; ce qui nuirait à l'activité et à la régularité nécessaires à toute administration.

Le Comité est élu dans une assemblée générale qui se tient pendant la dernière quinzaine d'avril, époque à laquelle se trouve réunie à Paris la plus grande partie des Artistes dramatiques de la province. Tous les ans il est renouvelé par quart : l'irruption dans son sein d'un grand nombre de sociétaires nouveaux a paru offrir de graves dangers. Nous devons mettre tous nos soins à éviter les brusques changements, les secousses violentes. Il s'agit d'une œuvre lente, que la continuité des vues peut seule mener à fin, et qui serait compromise, si l'esprit d'impatience et d'innovation, trop commun à ceux qui n'ont point encore pratiqué les affaires, venait à envahir le Comité et à le dominer. Si donc la Société juge que des modifications sont nécessaires dans le système administratif, elle les y introduira peu à peu par des élections annuelles qui, chaque fois, n'auront pour objet que le remplacement de quatre membres sortants désignés par le sort. L'assemblée reste maîtresse de les réélire; car si le Comité a la confiance générale, où est la nécessité de le modifier?

Le Comité représente la Société; il en administre toutes les affaires, il en protége tous les intérêts, généraux ou privés; il se trouve donc investi des pouvoirs les plus étendus. Nous en avons déjà fait connaître une partie dans le cours de ce rapport. Dans l'assemblée générale, et avant qu'il soit procédé à l'élection, il rendra compte des travaux de l'année et de l'état actuel de l'Association, soit sous le rapport financier, soit sous tout autre rapport. Mais les membres que le sort exclura et qui seront remplacés par les nouveaux élus seront, à l'instant même et par le seul fait de leur sortie, en dehors de toute responsabilité; car si on pouvait plus tard être inquiété à raison de ses actes administratifs, ces fonctions purement officieuses deviendraient un dangereux présent que personne ne voudrait accepter.

C'est le Comité qui convoque l'assemblée générale pour la séance annuelle : il pourra la convoquer encore dans les cas où il le jugera convenable.

Il importe que l'assemblée générale soit nombreuse;

1..

le Comité doit donc employer les moyens de publicité les plus sûrs et les plus efficaces pour que les sociétaires soient instruits du jour et du lieu de la réunion ; mais comme il importe aussi que la négligence de nos coassociés ne paralyse pas nos travaux et que leur absence ne puisse fournir un argument contre les décisions de l'assemblée, il est arrêté : 1o que la réunion annuelle, ou toute autre réunion, sera annoncée dans un journal de théâtre et dans un journal politique, et que par le fait seul de cet avis, tous les sociétaires seront prévenus valablement ; 2o que l'assemblée délibérera, quel que soit le nombre des membres présents.

Aussitôt après l'élection, le Comité choisira parmi ses membres un président, trois vice-présidents et quatre secrétaires. Le nombre des vice-présidents et des secrétaires a été déterminé par la même pensée qui a fait porter à vingt sociétaires le chiffre des membres du Comité. On a voulu qu'il ne pût jamais être privé de son bureau, qui sera aussi celui de l'assemblée générale.

Le Comité s'assemblera une fois par mois ; mais le président pourra le convoquer quand il le jugera convenable. Cependant, quelles que soient les justes prérogatives du président, on n'a pas dû lui laisser le droit de priver le Comité d'une réunion, quand plusieurs opinions la jugeraient nécessaire aux intérêts généraux ; la convocation ne pourra donc être refusée lorsqu'elle sera demandée par six des membres de l'administration.

Quelque persévérance de zèle, quelque maturité de réflexion que la Commission ait apportées dans le travail qui lui était confié ; quelque approbation que la Société veuille bien accorder à ce travail, l'expérience et le temps, juges suprêmes de toutes choses, peuvent en révéler les imperfections et les vices. S'obstinera-t-on à les nier, ou se contentera-t-on d'en faire l'aveu, sans y chercher un remède ? Des idées, des circonstances nouvelles peuvent rendre nos statuts surannés ou impraticables. Quand tout se modifie autour d'une institution, force lui est de se modifier elle-même. Qui déterminera la nécessité, l'opportunité de ces modifications ? Qui sera chargé de les faire

votre Comité. Mais ici, comme il s'agit de la base de l'édifice, et qu'une secousse imprudente pourrait le renverser de fond en comble, à côté, ou plutôt au-dessus du Comité se trouvera placé un conseil judiciaire, dont l'autorité sera toute-puissante sur des questions de cette nature ; car, sans l'avis et l'approbation de ce conseil, nulle modification, même la plus légère, ne pourra être apportée aux statuts consentis par la Société. Cette garantie précieuse est exigée par ce besoin de sécurité qu'éprouvent tous les esprits sages, par la crainte d'essais hasardeux où la Société pourrait se laisser entraîner : c'est le palladium de son avenir.

Telle est la substance, tel est l'esprit des statuts élaborés par votre Commission, et dont lecture vous sera donnée.

La Commission s'est préoccupée de deux points principaux : 1° de faciliter la création et le développement de la Société des Artistes dramatiques ; 2° d'en assurer la perpétuité. Elle a pourvu à la première nécessité par la modicité de la cotisation imposée ; à la seconde, par l'impuissance à laquelle se condamne la Société de liquider le capital, par l'inaliénabilité de ce capital, posée par elle en principe.

Autour de ces deux idées, que nous regardons comme fondamentales, viennent se grouper des dispositions qui en sont comme le corollaire et le complément. Ainsi, de la nécessité de faciliter la création de la Société découle le devoir d'attirer dans son sein le plus grand nombre d'Artistes dramatiques : de là, les avantages de toute nature que l'Association promet à ses membres. Mais ce n'est pas assez d'attirer, il faut retenir ; il faut surtout que les revenus de la Société n'éprouvent ni diminution ni altération. Les difficultés que rencontrerait le recouvrement du léger tribut prescrit par la charte sociale menaceraient l'existence de l'institution ; elles auraient parmi nous les funestes effets que produirait dans un État le refus de l'impôt. De là, la perte du titre de sociétaire attachée à l'inexactitude des paiements mensuels, et les conditions exigées pour se relever de la déchéance encourue : de là, la déclaration expresse du droit absolu et exclusif du sociétaire aux secours de la Société, disposition tempérée toutefois par les réserves que conseillait l'humanité.

L'inaliénabilité du capital se trouve corroborée par sa conversion obligée en rentes sur l'État ; d'où résulte pour l'Association la condition rigoureuse de n'affecter aux secours que les sommes provenant des intérêts.

Enfin le renouvellement annuel du Comité, borné au quart de ses membres, la défense qui lui est impérieusement faite de toucher à ses statuts sans l'assentiment et la participation de notre conseil judiciaire, mettent la Société à l'abri des périls auxquels pourraient l'exposer de nouvelles influences ou des idées nouvelles.

Ainsi se trouvent résolues les deux questions si importantes de la fondation et de la durée.

Quant à la caisse des pensions de retraite, l'établissement en est ajourné : c'est une question dont la solution est réservée à l'avenir.

On a prévu et réglé les modes de recettes et leur emploi, défini les fonctions de l'assemblée générale, les obligations et les pouvoirs d'un comité électif, les limites de sa responsabilité et les devoirs du conseil judiciaire, surveillant assidu de vos intérêts et de vos droits. Le présent, l'avenir, rien n'a été omis ; nous le croyons du moins : c'est à vous qu'il appartient d'en juger.

Les statuts achevés, la Commission a dû s'occuper du règlement intérieur du Comité d'administration. Il est inutile de vous entretenir à l'avance de ce travail, qu'une simple lecture suffira pour vous faire apprécier.

Nous croirions manquer à un devoir essentiel, si nous ne signalions pas à votre reconnaissance les services éminents que M. Bonnaire, notaire, a rendus à votre Commission. Ses lumières ont suppléé à notre inexpérience des affaires ; sa complaisance empressée ne s'est jamais démentie. Ce n'est pas tout : il a bien voulu encore accepter les fonctions de notaire de notre Société. Son nom est une garantie de plus pour la prospérité de notre institution.

Nous voilà, Messieurs et chers Camarades, parvenus au terme des travaux qui nous étaient confiés : vous en connaissez le résultat. S'il s'est fait attendre plus que vous ne le croyiez, que nous ne le croyions nous-mêmes, nous vous supplierons de remarquer que nous n'avons pu consacrer à ces travaux que de courts moments dérobés aux devoirs de notre profession ; de songer d'ailleurs que la tâche la plus longue et la plus laborieuse est celle de fonder et d'édifier. Arrêté à chaque instant par des difficultés d'abord inaperçues, la solution qu'on croit en avoir trouvée n'est souvent qu'une difficulté nouvelle qu'il faut résoudre encore. Telle disposition, en apparence fort simple, n'a été adoptée qu'après de nombreux débats. Que de fois nous sommes revenus sur un point qui nous avait paru suffisamment éclairci ! Nos discussions ont été tout à la fois empreintes de chaleur et de modération. Moins occupés du triomphe de nos idées que de l'ardent désir de faire le mieux possible, nous n'avons apporté ni l'aigreur de la dispute ni la résistance de l'entêtement ; les concessions mutuelles que nous nous sommes faites sont toujours nées de nos convictions, et n'ont rien coûté à notre vanité.

La Commission ne s'est pas bornée à des statuts et à des règlements ; elle a voulu, pour dissiper des doutes et confondre des incrédulités moqueuses, que la Société des Artistes dramatiques donnât signe de vie, avant même qu'elle eût été définitivement constituée. Elle s'est donc emparée de souscriptions ouvertes au profit de quelques infortunes, pour en distribuer elle-même le produit. Ses membres se sont imposés ; des appels ont été faits, des fonds recueillis, et la Société possède maintenant un capital de 3,000 fr. qui, placé sur l'Etat, au taux de 4 et demi pour 100, donne un intérêt courant à 137 fr. 50 c[1]. Parmi les noms que contient la liste placée sous vos yeux, vous trouverez un nom cher aux Artistes dramatiques, celui de l'estimable M. Singier, qui

(1) Depuis la lecture du rapport faite dans des réunions partielles qui ont eu lieu chez M. le baron Taylor, le capital a augmenté ; il se monte maintenant à près de 4,000 francs.

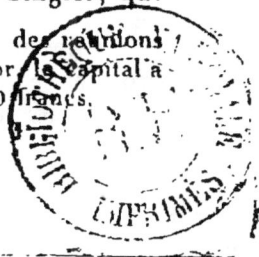

s'est associé à nos travaux avec le zèle de l'homme de
· bien qui se repose d'une vie laborieuse par de bonnes
œuvres et des actions honorables. Il n'est pas besoin de
dire que dans le capital annoncé se trouve comprise la
somme de 1,000 fr. due à la générosité de M. le baron
Taylor. 500 fr. avaient été perçus par l'ancienne Commission, en vertu d'une délibération de l'assemblée générale du 14 mai 1857 : c'était le résultat d'une cotisation personnelle de 5 fr. En appliquant à notre caisse ce
qui, dans le principe, fut destiné à la création d'une Société d'Artistes dramatiques, nous n'avons pas cru mé-
connaître les intentions des donateurs. Nous osons croire
qu'ils ne nous désavoueront pas, tout en déclarant cependant que nous sommes prêts à restituer, à ceux qui
les redemanderaient, les sommes versées par eux.

Nous voyons dans ces commencements, tout faibles
qu'ils sont, une preuve de la sympathie que rencontre
notre projet; nous y trouvons un présage de prospérité
qui double notre espoir.

Oui, nous le disons avec confiance, avec certitude,
à dater d'aujourd'hui la Société des Artistes dramatiques
est fondée. Il suffit, pour qu'elle le soit, de quelques-
unes de ces volontés fortes qui savent attendre et persé-
vérer; et ces volontés existent, pleines de foi en elles-
mêmes : et dussent leurs efforts n'être point secondés,
dût leur généreuse opiniâtreté ne recueillir que l'aban-
don et la raillerie, les fondateurs de cette philanthropique institution ne renonceront point à l'œuvre commen-
cée, au titre dont ils sont fiers. Ne restât-il qu'eux, c'est
assez, leur petit nombre ne les effraiera point. En eux
résidera la pensée de l'Association, pensée que l'avenir se
chargera de réaliser; car ils savent que l'avenir, funeste
aux chimères ingénieuses, finit par amener le triomphe
des idées saines et des institutions nécessaires.

Mais pourquoi nous livrer à de tristes suppositions, et
quel obstacle retarderait encore l'accomplissement de nos
projets et de nos vœux? Que tous les Artistes dramatiques, jeunes ou vieux, riches ou pauvres, entendent notre
voix et se confondent dans nos rangs!

A ceux que de trop faibles appointements réduisent à

la perspective d'un avenir malheureux, nous essaierons de faire comprendre combien il leur en coûterait peu maintenant pour s'épargner un jour l'humiliation des au- mônes, et ils sentiront en même temps qu'il n'y a rien que d'honorable dans des secours fournis par la caisse où l'on a versé son tribut, par le fonds même qu'on a con- couru à former, véritable propriété commune dont on ne fait que reprendre sa part dans les jours de l'adversité.

Aux riches, à ceux du moins qui croient leurs vieux jours à l'abri des besoins, nous ne retracerons point les nombreux et célèbres exemples des caprices de la for- tune; nous ne les fatiguerons point de ces lieux com- muns d'une morale surannée, que la prospérité n'écoute qu'avec impatience ou dédain, et cependant c'est encore à leur intérêt bien compris que nous nous adresserons. En butte à des sollicitations qui se succèdent à tous les instants, ils trouveront dans l'Association l'infaillible moyen de s'en délivrer ou de s'en garantir. Versant leurs dons en des mains inconnues, ils sont exposés à donner sans discernement, et ils accordent souvent au mensonge importun ce qui n'est dû qu'à une infortune réelle. Ce grave inconvénient ne saurait exister dans notre Société, et désormais à l'abri des souscriptions et des quêtes, leur dépense sera moins forte et leurs bienfaits mieux placés ; ils donneront moins et mieux.

Nous ne refuserons pas le denier du vieillard qui, tra- vaillant encore, s'imposera la faible retenue que nous sol- licitons de tous : n'eût-il donné que 50 c., il aura des droits plus réels à votre sollicitude et à vos secours que celui qui, dans la force de l'âge, n'aura pas su prévoir et s'abstenir.

Mais c'est surtout par les jeunes sujets qui cultivent l'art théâtral que nous avons à cœur d'être entendus et compris : l'institution que nous créons sera pour eux un héritage destiné à périr ou à fructifier dans leurs mains. Dociles aux conseils de la raison, sans doute ils vien- dront à nous; ils ne détourneront point leurs regards de l'avenir; ils se défieront, ils auront une juste horreur de ces dangereuses doctrines, prêchées par des hommes qui, se faisant corrupteurs parce qu'ils sont corrompus, affectent de regarder la prévoyance, l'ordre et les vertus domestiques comme le partage des esprits médiocres; qui proclament que l'insouciance, l'inconduite et l'immoralité sont les signes caractéristiques, les nobles et indispensables attributs de la supériorité; que le comédien de talent ne doit être qu'un vagabond, sans patrie, sans famille, sans morale et sans lois; et qui, s'épuisant en sarcasmes qu'ils croient ingénieux contre nos prétentions à l'estime publique et aux droits communs à tous, appuient le cynisme de leurs théories sur quelques exceptions qu'ils convertissent en règles ou qu'ils imposent comme exemples.

Nous espé.ons que les jeunes imaginations ne se laisseront point séduire à cette éloquence de sophismes, à ces prédications d'immoralité. Non! quoi qu'en disent les docteurs modernes, le désordre n'enfante point le talent, il le tue : trop d'exemples l'attesteraient. Le seul fruit qu'on en recueille est cette misère que la déconsidération accompagne, et qui n'obtient qu'une pitié que nous nous reprochons. Le travail et l'ordre, voilà les deux sources les plus sûres du talent et de la prospérité. Que nos jeunes camarades nous croient; qu'ils aspirent à la considération publique, à leur propre estime, premier besoin des cœurs bien nés. Aujourd'hui les Artistes dramatiques sont appelés à reprendre, dans la société, la place que d'odieux préjugés leur refusèrent trop longtemps. Peut-être, il faut le dire, l'habitude conserve encore à ces préjugés un reste de pouvoir; mais la persévérance de nos efforts vers le bien achèvera d'en triompher. Si nous ne remportions pas cette victoire, le témoignage de notre conscience suffirait à nous en consoler, et nous braverions l'injustice de ces vieilles préventions avec le courage tranquille et noble que l'homme de bien oppose à des malheurs non mérités.

Signé : SAMSON,
Président de la Commission.

ASSOCIATION DÉS ARTISTES DRAMATIQUES.

Devant Me Florestan-Charles *Bonnaire* et son collègue, notaires à Paris, soussignés,

Furent présents :

M. le baron Isidore-Justin-Séverin *Taylor*, commandeur de la Légion-d'Honneur, demeurant à Paris, rue de Bondy, no 54 ;

M. Joseph-Isidore *Samson*, de la Comédie-Française, demeurant à Paris, rue Richelieu, no 8 ;

M. Auguste-François *Albert*, artiste dramatique, demeurant à Paris, rue de Lancry, no 13 ;

M. François-Joseph-Philoclès *Régnier de la Brière*, de la Comédie-Française, demeurant à Paris, rue Ventadour, no 11 ;

M. Jean-Baptiste-Léonard *Fontenay*, artiste dramatique, demeurant à Paris, rue des Fossés-Saint-Germain-l'Auxerrois, no 14 ;

M. Charles *Raucourt*, artiste dramatique, demeurant à Paris, rue Neuve-Saint-Jean, no 13 ;

M. Pierre-François *Bocage*, artiste dramatique, demeurant à Paris, rue de Lancry, no 35 ;

M. Louis *Leménil*, artiste dramatique, demeurant à Paris, rue Neuve-des-Petits-Champs, no 28 ;

Et M. Pierre-Alexis *Singier*, propriétaire, ancien directeur des théâtres de Lyon, demeurant à Paris, rue de la Harpe, no 90 ;

« Tous les susnommés composant le Comité provisoire de « la Société des Artistes dramatiques français, et chargés « de régulariser l'Association et d'en établir les statuts, »

Lesquels ont, par ces présentes, déposé à Me Bonnaire, l'un des notaires soussignés, et l'ont requis de mettre au rang de ses minutes,

L'original d'un écrit sous signatures privées, en date, à Paris, du 16 mars 1840, contenant les statuts d'une Association d'Artistes dramatiques français pour la création d'une caisse de fonds dans l'intérêt des artistes faisant partie de cette Association,

« Lequel original, dûment signé et approuvé par tous
« les comparants, est demeuré ci-joint avec mention de
« son annexe, et sera enregistré avant ou en même temps
« que ces présentes. »

Pour faire publier ces présentes, s'il en est besoin, tout
pouvoir est donné au porteur d'un extrait.

Dont acte

Fait et passé à Paris, en la demeure de **M**. le baron
Taylor,

L'an 1840, les 16 et 20 mars,

Et ont les comparants signé avec les notaires, après
lecture.

Signé sur la minute : baron J. TAYLOR, fondateur;
SAMSON, président; SINGIER, vice-président; de FONTE-
NAY, vice-président; RAUCOURT, BOCAGE, LEMÉNIL; RÉ-
GNIER, secrétaire; A.-F. ALBERT, secrétaire; GUYON et
BONNAIRE (ces deux derniers notaires).

Enregistré à Paris, le 26 mars 1840, f° 191, v°, c. 5,
reçu 2 fr. 20 c, 10c compris. Signé DONEAU.

ASSOCIATION DES ARTISTES DRAMATIQUES.

STATUTS DE LA SOCIÉTÉ.
CAISSE DE SECOURS.

CHAPITRE PREMIER. — *Objet de la Société.*

Art. 1er. Une Association est établie par les présents
Statuts entre tous les Artistes dramatiques français.

Art. 2. Le but de cette Association est la création
d'une caisse de secours dans l'intérêt des Artistes faisant
partie de l'association.

Il sera pourvu ultérieurement, et sur les bases que
l'expérience démontrera les plus avantageuses, à l'établissement d'une caisse de pensions destinée à améliorer et à
assurer le sort des comédiens lorsqu'ils auront pris leur
retraite.

Enfin, indépendamment de la caisse de secours et de

pensions, l'Association viendra en aide à chacun de ses membres, par tous les moyens qui seront en son pouvoir, et dans toutes les circonstances où son intervention sera jugée nécessaire, soit pour améliorer sa position, soit pour défendre ses droits.

Art. 3. Sont aptes à faire partie de l'Association, tous les Artistes dramatiques français en exercice ou retirés.

Pour être membre de l'Association tout Artiste dramatique doit :

1° Signer son adhésion aux présents Statuts, soit par acte en suite des présentes, soit dans la forme qui sera ultérieurement déterminée par le Comité ci-après institué;

2° Payer exactement la cotisation mensuelle ci-après fixée.

Par le fait seul de son adhésion aux présents Statuts, chaque Artiste est censé avoir fait, au profit de la caisse de secours, délégation de ses appointements jusqu'à due concurrence, et autorise de plein droit le Comité à toucher directement, et sur sa simple quittance, de toutes administrations théâtrales, le montant de sa cotisation mensuelle.

Si, pour quelque cause que ce soit, le Comité ne peut exercer ce prélèvement, le membre de l'Association qui aura manqué à son engagement sera déchu de plein droit des avantages de l'Association, et les sommes par lui versées antérieurement resteront acquises à la caisse de secours d'une manière définitive.

Bien que la déchéance soit encourue de plein droit, et qu'elle soit posée en principe, cependant le Comité sera juge des causes qui auront pu empêcher un membre de l'Association de payer exactement sa cotisation, et seul il décidera si ce membre doit être relevé de sa déchéance, ou si elle doit être maintenue.

Dans tous les cas, nul ne pourra rentrer dans le sein de l'Association sans avoir comblé son arriéré.

CHAPITRE II. — *Nature de la Société.*

Art. 4. N'auront droit aux avantages de l'Association que les Artistes en faisant partie.

Seulement, dans des cas rares et exceptionnels, dont lui seul restera juge, le Comité pourra faire participer auxdits avantages, et seulement à titre de secours temporaires, soit un Artiste malheureux qui se trouverait en dehors de l'Association, soit les enfants d'un Artiste mort dans le besoin.

Art. 5. L'Association prend le nom de : ASSOCIATION DES ARTISTES DRAMATIQUES.

Art. 6. Le siége de la Société est provisoirement établi chez M. le baron Taylor, fondateur de l'Association, rue de Bondy, n° 54, à Paris.

Le Comité sera juge de l'opportunité de le transférer ailleurs et du lieu où il devra l'être, selon les besoins, le développement et l'extension de la Société.

Art. 7. Attendu sa nature, la durée de la Société est illimitée.

Son but étant spécialement une distribution de secours, il ne s'agit que d'une administration et d'une répartition de fonds confiés au zèle d'un Comité se renouvelant tous les ans et devant se perpétuer ainsi sans qu'il puisse y avoir lieu, en aucun cas et sous aucun prétexte, à une liquidation du capital, qui doit continuellement faire masse, et dont les intérêts seuls seront employés en secours.

Art. 8. La Société est une société purement] civile.

Seulement, d'après son extension et l'importance qu'elle peut être destinée à acquérir, on déterminera s'il y a lieu et opportunité à demander sa conversion en Société anonyme.

Le Comité sera toujours juge à cet égard, et il est et demeure autorisé à faire toutes les démarches et demandes, s'il y a lieu.

Art. 9. Il est arrêté en principe que la caisse de secours donne et ne prête pas.

Toute personne demandant un secours devra adresser sa demande à l'un des membres du Comité indistinctement.

Cette demande devra être formulée par écrit.

Elle sera soumise au Comité et discutée dans la plus prochaine réunion.

CHAPITRE III. — *Fonds social.*

Art. 10. Le fonds social se composera :

1º D'une cotisation mensuelle versée par chaque membre de l'Association, du 1er au 10 de chaque mois, dans la caisse sociale ;

Cette cotisation est fixée à 50 centimes par mois, et devra être remise par chaque artiste, soit au siége de la Société, soit entre les mains de l'agent commis.

La caisse de secours ne sera pas tenue de donner de quittance. Il suffira de l'émargement sur la feuille de cotisation qui sera dressée pour chaque théâtre à cet effet.

2º Des dons volontaires, legs, représentations à bénéfice et généralement de toutes les recettes que le Comité pourra réaliser tant en dedans qu'en dehors de l'association ;

3º Et de l'excédant des intérêts des capitaux appartenant à la Société sur les dépenses faites pendant le cours d'une année, lequel excédant devra être placé par les soins du Comité comme le reste des capitaux de l'Association.

Art. 11. Toutes les recettes de la Société seront converties en rentes sur l'État.

Les intérêts ou arrérages produits par les fonds appartenant à la Société seront à la disposition du Comité, qui ne pourra jamais, en aucun cas et sous aucun prétexte, en aliéner le capital.

Cependant le Comité est et demeure autorisé à disposer d'une somme de 50 francs par mois jusqu'au jour où l'Association sera parvenue à se constituer une rente de 600 francs.

Si, pendant le cours d'une année, le Comité, d'après les rentrées des revenus et des cotisations de l'Association, jugeait qu'il y a somme plus que suffisante pour le service de la caisse de secours, sans que la somme fût assez importante pour en faire un placement en rentes, qui d'ailleurs présenterait l'inconvénient de devenir inaliénable, et qui pourrait ainsi entraver les secours, le Comité pourra placer cet excédant à la Caisse d'épargnes en prenant un livret au nom de l'Association.

Cet emploi aura pour but de laisser à la disposition du Comité une somme suffisante pour parer à tous les besoins, sans faire perdre d'intérêts à l'Association.

CHAPITRE IV. — *Assemblées générales.*

Art. 12. L'assemblée générale se composera de tous les signataires de l'acte d'Association et de ceux qui auront envoyé leur adhésion.

L'assemblée générale sera convoquée chaque année dans la première quinzaine de mai.

Elle pourra être réunie dans tous les cas extraordinaires, quand le Comité le jugera convenable.

Il sera donné avis dans un journal politique et dans un journal de théâtre, au choix du Comité, tant de la réunion annuelle que des réunions qui pourraient être provoquées dans le courant de l'année.

Par le seul fait de cet avis et sans qu'il y ait besoin d'autres, tous les sociétaires seront prévenus valablement, et l'assemblée générale aura lieu et délibérera, quel que soit le nombre des membres présents.

Du reste, le Comité prendra tous les moyens de publicité qu'il croira convenables.

L'assemblée générale nommera, dans sa réunion du mois de mai, un Comité qui sera composé de vingt membres.

Ce Comité sera renouvelé tous les ans par quart.

Le sort désignera les membres sortants, qui pourront toujours être réélus.

Les délibérations seront faites au scrutin secret, à la majorité relative des voix.

Le président du Comité en exercice est de droit président de l'assemblée générale.

Le président, les vice-présidents et secrétaires du Comité exerceront les mêmes fonctions dans les réunions de l'assemblée générale.

CHAPITRE V. — *Comité de l'Association.*

Art. 13. Le Comité sera composé :

1° De M. le baron Taylor, qui, à titre de fondateur

de l'Association, est et demeure de droit membre à perpétuité du Comité;

2° Et de vingt membres choisis comme il est dit ci-dessus.

Aussitôt après son élection et dans la réunion qui suivra, le Comité choisira parmi ses membres un président, trois vice-présidents et quatre secrétaires.

Le Comité s'assemblera une fois par mois.

Il pourra être convoqué extraordinairement toutes les fois que le président le jugera convenable, ou lorsque cette convocation sera demandée par six membres.

Le Comité statuera à la simple majorité.

En cas de partage, la voix du président sera prépondérante.

Le Comité est appelé :

1° A délibérer sur les demandes de secours qui lui seront adressées;

2° A délibérer sur toutes les mesures à prendre dans l'intérêt des Artistes dramatiques faisant partie de l'Association.

Le Comité est également chargé de tout ce qui concerne le bon ordre et l'administration de la Société.

Ainsi, il s'occupera spécialement de la perception des cotisations et de la manière la plus convenable pour y arriver, de l'organisation sur une plus grande échelle, au fur et à mesure de son extension, du loyer et des nominations et appointements des personnes qu'il conviendrait d'employer à l'œuvre qu'on se propose de constituer.

Et enfin du maniement des fonds en ce qui concerne seulement les intérêts des capitaux à employer en secours, de la distribution des secours et du placement en rentes de ce qui n'aura pas été donné et distribué dans le courant de l'année.

Le Comité déléguera, s'il y a lieu, un ou deux de ses membres pour les rapports que rendront nécessaires les affaires de la Société, soit avec les sociétaires eux-mêmes, soit avec l'autorité, soit avec les directeurs, soit même avec les notaire, avoué ou agent de change de la Société, et avec toutes administrations, telles que le Trésor, la Caisse d'épargnes et toutes administrations.

Dans ce cas, une procuration collective et signée de tous les membres du Comité suffira.

Attendu que les fonctions du Comité sont purement officieuses et n'entraînent aucune gestion ni responsabilité, par le seul fait de la réunion de l'assemblée générale annuelle et de la nomination du nouveau comité, tous les membres sortants sont et demeureront de plein droit entièrement déchargés et en dehors de toute responsabilité, sans qu'il soit besoin d'aucune décharge de quelque nature que ce soit.

Pour son ordre particulier le Comité aura un règlement d'intérieur auquel chacun des membres se trouvera soumis.

En cas de démission ou de décès d'un ou de plusieurs des membres du Comité dans le courant de l'année, il ne sera point pourvu à leur remplacement avant l'époque du renouvellement annuel, à moins que le Comité ne juge nécessaire d'y pourvoir en provoquant une assemblée générale.

CHAPITRE VI.

Art. 14. Si, dans le cours de l'Association, l'expérience démontrait que des modifications dussent être apportées aux présents Statuts, le Comité seul est investi du droit de faire ces modifications qui, par le fait de l'approbation des membres du Comité, feront partie des présents Statuts et devront être seulement déposés pour minute au notaire de l'Association par un acte signé de tous les membres du Comité.

Toutefois ces modifications ne pourront être apportées et établies en Statuts qu'après avoir été soumises et approuvées par le Conseil judiciaire; ce qui sera mentionné sur le registre de délibérations du Comité.

CHAPITRE VII. — *Conseil judiciaire.*

Art. 15. La Société sera pourvue d'un Conseil judiciaire composé :

1° D'un notaire ;

2° D'un avoué près le Tribunal civil en première instance ;

3º D'un avoué à la Cour royale ;

4º De quatre avocats près la Cour royale ;

5º Et de deux agréés près le Tribunal de commerce.

Ce Conseil judiciaire sera choisi par le Comité de l'Association.

CHAPITRE VIII. — *Comité consultatif.*

Art. 16. On pourra, lorsque le Comité le jugera convenable, créer un Comité consultatif qui sera composé d'anciens directeurs, correspondants de théâtre ou notabilités dans les lettres et les beaux-arts.

Il ne pourra jamais être composé de plus de six personnes.

Le Comité de l'Association, toutes les fois qu'il le jugera convenable, convoquera le Comité consultatif.

Fait et délibéré en conseil, par les membres du Comité de l'Association des Artistes dramatiques soussignés,

Baron J. Taylor, fondateur; Samson, président; Stngier, vice-président ; de Fontenay, vice-président ; Raucourt, Bocage, Leménil; Régnier, secrétaire; A.-F. Albert, secrétaire.

Paris, le 16 mars 1840.

Enregistré à Paris, le 21 mars 1840, fº 87, Ro, C. 4 et 8. Reçu 5 fr. 50 c., le 10º compris. Signé Chamlect.

LISTE DES SOCIÉTAIRES

Par ordre d'inscription et de première mise

POUR FONDER L'ASSOCIATION.

MM.	fr.	MM.	fr.
Taylor (baron).	1000	Dorval (Mme).	40
Singier.	100	Euzet.	20
Duprez.	100	Daudé.	20
Mars (Mlle).	100	Edelin (Mlle).	20
Rachel (Mlle).	100	Wolvein.	20
Lhérie.	100	Amy.	15
Déjazet (Mlle).	100	Adolphe Franconi.	20
Anonyme.	100	Cénau (Mme).	20
Dérivis.	100	Potier (Mme veuve).	20
Dorus-Gras (Mme).	100	Joanny.	20
Cormon.	100	Delaistre.	20
Florval (Mlle).	50	Menjaud.	20
Chollet.	50	Provost.	20
Montigny.	50	Damoreau.	20
Meyer.	50	Dejean.	20
Philippe Roustant.	50	Ferdinand Laloue.	20
Félicie Lavabre (Mlle).	40	Darcey.	20
Fierville.	40	Lepeintre aîné.	20
Mira Brunet.	50	Guyon.	20
Camille Judelin (Mlle).	40	Brohan (Mlle).	20
Levasseur.	25	Dobré (Mlle).	20
Samson.	20	Eliau (Mlle).	20
Régnier.	20	Duverger, correspond.	20
Fontenay.	20	Bernard-Léon.	20
Bocage.	20	Virginie Martin.	20
Leménil.	15	Derval.	20
Raucourt.	20	Perlet.	20
Albert.	20	Achard.	20
Alexandre Mauzin.	20	Ferdinand père.	20
Ligier.	20	Irma Bonnière (Mlle).	20
Charles Duëz.	20	Massol.	20
Marty.	25	Volnys.	30
Bouffé.	25	Volnys (Mme.)	30
Solomé.	20	Nathalie (Mlle).	30

MM.	fr.	MM.	fr.
Paul.	20	Em. Liot.	10
Védel.	10	Chambéry.	10
Desmousseaux.	10	Chambéry (Mme).	10
Desmousseaux (Mme).	10	André Hoffman.	10
Mondidier.	10	Saint-Ernest.	10
Klein.	10	Mareuil.	10
Bardou.	10	Jemma.	10
Saint-Marc.	10	Hippolyte.	10
Gautier.	10	Paul Laba.	10
Gautier (Mme).	10	Oscar.	10
Cuillier.	10	Valnay.	10
Francisque jeune.	10	Faugère.	10
Géranville (Mlle).	10	Joseph.	10
E. Taigny.	10	Nath. Fitz-James. (Mlle).	10
Taigny (Mme).	10	Petipas.	10
Léontine (Mlle).	10	Levilly.	10
Roger.	10	Lise Fontenay (Mlle).	10
Couderc.	10	Dubourjal.	5
Mocker.	10	Pradier.	5
Grignon.	10	Achille Fournel.	5
Raymond.	10	Ludovic.	5
Chilly.	10	Armand Dailly.	5
Armand Bougars.	10	Philippe Dénery.	5
Henri.	10	Morand.	5
Charles Potier.	10	Chéza (Mme).	5
Tisserant.	10	Bassan.	1
Albert Rodrigue.	10	Edouard.	5
Albert (Mme).	10	Clarisse (Mlle).	5
Fargueil.	10	Deshayes.	5
Fargueil (Mlle).	10	Charlet.	5
Alexis Dupont.	10	E. Stéphanie (Mme).	5
Dupont (Mme).	10	Brézil.	5
Boutin (Mme).	10	Mélanie (Mlle).	5
Guillemin.	10	Teissier.	5
Ravel.	10	Génot.	5
Ravel (Mme).	10	Marié.	5
Francisque aîné.	10	Rossi (Mlle).	5
Surville.	10	Henri Potier (Mme).	5
Guillemain (Mme).	10	Emile Fleury.	5

MM.	fr.	MM.	fr.
Signol.	5	Pelvilain.	2
Patonelle.	5	Léopold Barré.	2
Faidi (Mlle).	5	Gabriel Marty.	3
Salvador.	5	Pascal.	3
Clairville.	5	E. Pierron.	3
Prosper.	5	Keppler.	3
Eugène.	5	Deloris.	3
Saint-Hilaire.	5	Caroline (Mlle).	2
Barville (Mlle).	5	Achille (Mlle).	2
Lambquin.	5	Aline Duval (Mlle).	2
Rougemont (Mlle).	5	Bordier (Mme).	1
Léonide (Mlle).	5	Bergeron (Mme).	1
Charles Bailly.	5	Toussaint (Mme).	5
Neuville.	5	Palaiseau.	5
Boileau.	5	Edmond Galaud.	5
Varlet.	5	Anatole Gras	5
Baltazar (Mme).	5	Emile Viltard.	5
Herdlizha (Mme veuve).	5	David.	5
Jacques Vernet.	5	Germain.	5
Berlot.	5	Sainville.	5
Serdat.	5	Lemadre.	5
Ferdinand Prévot.	5	Saint-Hilaire Brossat.	5
Widemann (Mlle).	5	Lebel.	5
Léontine (Mlle).	5	Sallerin.	5
Olimpe Desprez (Mlle).	5	Arnold.	5
Numa.	5	Chéri.	5
Habeneck (Mlle).	5	Willams Addisson.	5
Auguste Débonnaire.	2	Dupuis.	5
St-Firmin (Mme veuve).	5	Laurent.	5
Roger.	5	Dusser.	5
Coquet.	2	Henri.	5
Coquet (Mme).	2	Liénard.	5
Hippolite Rey.	5	Edmond.	5
Constant.	5	Delille (Mme).	5
Braux.	2	Dumont (Mme).	5
Lansoy.	3	Sophie (Mlle).	5
Eugène Moreau.	3	Pélagie (Mlle).	3
Armand.	2	Davenne.	2
Lacressonnière.	2	Hippolite Landrol.	2

MM.	fr.	MM.	fr.
Monval.	5	Anastasie Roger (Mlle).	5
Rhozevil.	5	Marchaise.	5
Vallée (Mlle).	3	Ludovic (Mme veuve).	3
Nongaret (Mlle).	5	Kopp.	5
Achille Baucheron.	5	Thiéry.	4 50
Armand Villot.	5	Girschig Félix.	4 50
Anatole.	5	Morlange Alaume.	4 50
Dumoulin.	5	Ernest Guénot.	3 »
Ferdinand.	5	Julien Hurtaux.	4 50
Octave.	5	Mangelaire.	3 »
Dorlange.	5	Voidet.	4 50
Blum.	5	Sagedieu.	4 50
Heuzet.	3	Basque Dorgebret.	4 50
Belmont.	2	Arsène Michot.	4 50
Plessy.	5	Jules Canu.	3 »
Mayer.	5	Thiéry (Mme).	4 50
Chalbos (Mlle).	5	Baucheron (Mme).	4 50
Clorinde (Mlle).	5	Guenot (Mme).	3 »
Kihn (Mlle).	5	Camille (Mlle).	2 »
Amélie (Mlle).	5	Borsary (Mlle).	4 50
Pauline (Mlle).	5	Pages Sylvain (Mlle).	5 »
Leroux (Mlle).	5	Tanney.	5 »
Hortense (Mlle).	5	Glaçon.	5 »
Descoste (Mlle).	5	Perret.	5 »
Despréaux (Mlle).	5	Burg.	5 »
Edouard Charnot.	5	Auriol.	5 »
Delcour.	5	Lalanne aîné.	5 »
Duval.	5	Paul Cuzent.	5 »
Adolphe Treveys.	5	Lejears.	5 »
Edmond Pourcelle.	5	Voisin.	5 »
Jaussène.	5	Méchin (Mme).	4 »
Fortuné.	5	Lejears (Mme).	5 »
Léon Désorme.	5	Leroux (Mme).	5 »
Berthe (Mlle).	5	Pauline Cuzent (Mle).	5 »
Colonna.	5	Camille (Mlle).	5 »
Daliger.	5	Voisin (Mme).	5 »
Adalbert Wagner.	5	Thivo.	5 »
Marie Avenel (Mlle).	5	Tarin.	4 50

MM.	fr		MM.	fr
Meignan.	4 50	Célicourt.		5 »
Thiebault.	4 50	Hergnez.		5 »
Meunier.	4 50	Esse père.	à Lyon.	5 »
Danceray.	4 50	Barqui.		5 »
Jolibois.	4 50	Barré.		5 »
Pelletier.	4 50	Blongy.		5 »
Deschamps.	4 50	Wartel.		5 »
Marcelin.	4 50	Paulin.		5 »
Debureau.		Alizart.		5 »
Guerpont (Mlle).	4 50	Mabile.		5 »
Bonnefoi (Mme).	4 50	Molinier.		5 »
Piconnot (Mme).	4 50	Mazillier.		5 »
C. Billon, directeur à		Bourgeois.		5 »
Arras.	5 »	Agnès (Mlle).		5 »
Thirard, à Arras.	5 »	Leriche.		1 50
Eugène Gross.	2 »	Durand.		1 50
Ferdinand Paris.	3 »	Laure.		1 50
E. Laffite.	5 »	Augustine (Mlle).		1 50

SIGNATAIRES DE L'ACTE D'ASSOCIATION DES ARTISTES.

MM.	MM.	MM.
Langeval.	Fradelle.	Firmin.
Lafont.	Ballard.	Beauvallet.
Lajariette.	Adolphe Laferrière.	Mainvielle.
Dormeuil.	Masquillier.	Marius.
L'héritier.	Mary Meunié.	Guiaud.
Perrier.	Aman.	Saint-Aulaire.
Héret.	Camiade.	Mircour.
Paradol (Mme).	Lepeintre jeune.	Mathieu.
Bignon.	Arnal.	Alexandre.
Hél. Prévost (Mlle).	Doche (Mme).	Hamel.
Boutin.	Berton.	Saint-Paul père.
Granville.	Fleury.	Saint-Paul fils.
Charles Pérey.	M. Joubert (Mme).	Thénard (Mme).
Alfred Albert.	Monrose père.	Béranger (Mlle).
Paulin Ménier.	Monrose fils.	Rabut (Mlle).
Tournan.	Maillart.	Avenel (Mlle).
Verner.	Geffroi.	Larché (Mlle).
Lokroi.	Touzez (Mme).	Sylvestre.
Ferville.	Noblet (Mlle).	Bordier.
Thénard (Mme v.).	Varlet (Mme).	Morazin.

MM.

Julien Deschamps.
Julienne (Mme).
Svannaz (Mme).
Prosper (Mlle).
Augusta Roland.
Buglel (Mme).
Lejey.
Lejey (Mme).
Lavillette.
Delpierre.
Delpierre (Mme).
Mériel père.
Mériel fils.
Maire.
Maire (Mme).
Guillemot.
Irma Noiseul (Mlle).
Valmore.
Valmore (Mme).
B. Delaunay (Mlle).
Claude Duret.
Monnet.
Lambquin (Mme).
Bougars (Mme).
Domergue corresp.
Mettis.
Fion.
Simon.
Alp. Grousseaud.
Prudhomme.
Borsary.
Guilmet.
Jacquin.
Tournier.
Gabriel.
Mordais.
Pierrard.
Dusaule.
E. Boucher.
Oudinot.
Damoreau.
Chéri Menau.
Pascal.
Hip. Héreau.

MM.

Léon.
Delahourde.
Adolphe Potier.
Joseph Duvernoy.
Xavier Talien.
Prillieux.
Durand.
Vizentini.
Moireau.
Cotini.
Caudron.
Jules Lepetit.
Léon.
Joanni corresp.
Adam corresp.
Couturier.
Octave.
Hector.
L. Philippeau.
Duplanty.
E. Duplanty (Mme).
Colson.
Darcourt.
Octave.
E. Botonier.
Lefèvre.
Anatole Caillet.
Combette.
Laurent.
Lafitte.
Amédée Hortos.
Ribeaupierre.
Sévin.
Brunet.
Vissot.
Gustave Pernot.
Pernet.
Adolphe Derville.
Marius Verdellet.
Chalin.
Jules Marcillié.
Piel.
Gabriel Marigny.
Louis Burat.

MM.

Danterni.
Albert.
Gonard.
Moessard.
Lamberti.
Arthur Chevalier.
Edouard Boni.
Ménard.
Henri Zelger.
Fresne.
Fonta,
Raisson.
Constant Henri.
Marius.
Saint-Albe.
Delabre.
Baptiste Cervier.
Honoré.
Emile Potier.
Crette.
Aymon.
Adolphe François.
Villars.
Poizard.
Achille Bion.
Baron.
Caseneuve.
Fortuné Second.
Grassot.
Grassot (Mme).
Roux.
Paulin.
Rabare.
Eugène Grailly.
Valembert.
Abit jeune (Mme)
Cinti (Mme).
Laisne.
A. Wagner (Mme).
Vorbel.
Delacroix.
Posteau.
Posteau (Mme).
Saint-Victor.

MM.	MM.	MM.
Simon (Mme).	Gorneau (Mme).	Tureau.
I. Moreau (Mme).	Léonce Baisse.	Moudeau.
Victorine (Mlle).	Lamy.	Priury.
Bougnol.	Charles Fradel.	Dewanderacout.
Angéline (Mlle).	C. Fradel (Mme).	Duffaud.
Fournier.	Fradel aînée (Mlle).	Dominique Munier.
Dadrès.	Chol.	A. Lannois.
Jules Lesbros.	Auguste Pougin.	E. Nourit (Mlle).
G. Brochard (Mlle).	Pougin (Mme).	Lévi d'Alvarès.
Folleville.	Joseph.	Dagemonot.
Leménil fils.	André.	Collet (Mlle).
Gougibus.	Michel.	Gonzague.
Karl.	Pariot.	Delmont.
Laute (Mlle).	Damoreau neveu.	Simon (Mlle).
Fondebay.	Fontenas.	M. Brunaud (Mlle).
Franville.	Berthault.	Henri Subras.
Wilson.	Julie Berthault.	F. Caine (Mlle).
Wilson (Mme).	Desessarts.	Dérion.
Boullanger.	Marteau.	Bonnod.
Désiré Chaumont.	Véret (Mme).	Lacombe.
Gaillard.	Richestein.	E. Acquet.
E. Gervais directeur.	Lalande.	André Michel.
Edouard Filsaine.	Potonnier.	Potet (Mlle).
Pousseur.	Palianti.	Dehoy (Mlle).
Honoré Conget.	Delaflotte.	Léontine (Mlle).
Bordier.	Vandrezonne.	M. Vanier (Mlle).
Bordier (Mme).	Vandrezonne (Mme).	Sourdot fils.
Laurent.	Barbe dit Livry.	Charles.
Granger.	Félix Salct.	Heus.
Ramond.	Joly Sainte-Marie.	Auguste.
Annet directeur.	Astruc.	Latouche.
Annet (Mme).	J. B. Octave.	Dupré.
Ernest Baucheron.	Lemaire.	Eugène.
E. Baucheron (Mme).	Devilliers.	Massin.
A. Montangérand.	Brion Désiré.	Emile.
Montangérand (Mme)	Garcia (Mme).	Hippolyte.
E. Colignie.	Comte, directeur.	Bougnol (Mme).
E. Savarts.	A. Perret, régisseur.	Anna (Mlle).
E. Gorneau.	Varin.	

Nota. Chaque année, à l'assemblée générale des Artistes (fin avril) on proclamera le nom des nouveaux sociétaires, la quotité de leur première mise pour la fondation de la Société et de leurs souscriptions annuelles : l'impression de cette liste supplémentaire pourra être ordonnée pour faire suite à celle que nous publions ici. L'on pourra toujours signer l'adhésion à l'acte de société chez M. Bagnaire, notaire, Boulev. Saint-Denis, 8, chez MM. les correspondants des Théâtres à Paris, et dans les départements chez tous les agents de M. Thuillier.

www.ingramcontent.com/pod-product-compliance
Lightning Source LLC
Chambersburg PA
CBHW060807280326
41934CB00010B/2592